AF106891

www.ingramcontent.com/pod-product-compliance
Lightning Source LLC
LaVergne TN
LVHW070441070526
838199LV00036B/672
* 9 7 8 9 6 5 9 3 1 1 1 1 8 *

"الكل يتحدث عن الطقس،
لكن لا أحد يفعل أي شيء حيال ذلك"

تشارلز دودلي وارنر,
نيويورك, 1884

هذه هي الأرض

تضم أربعة أنظمة

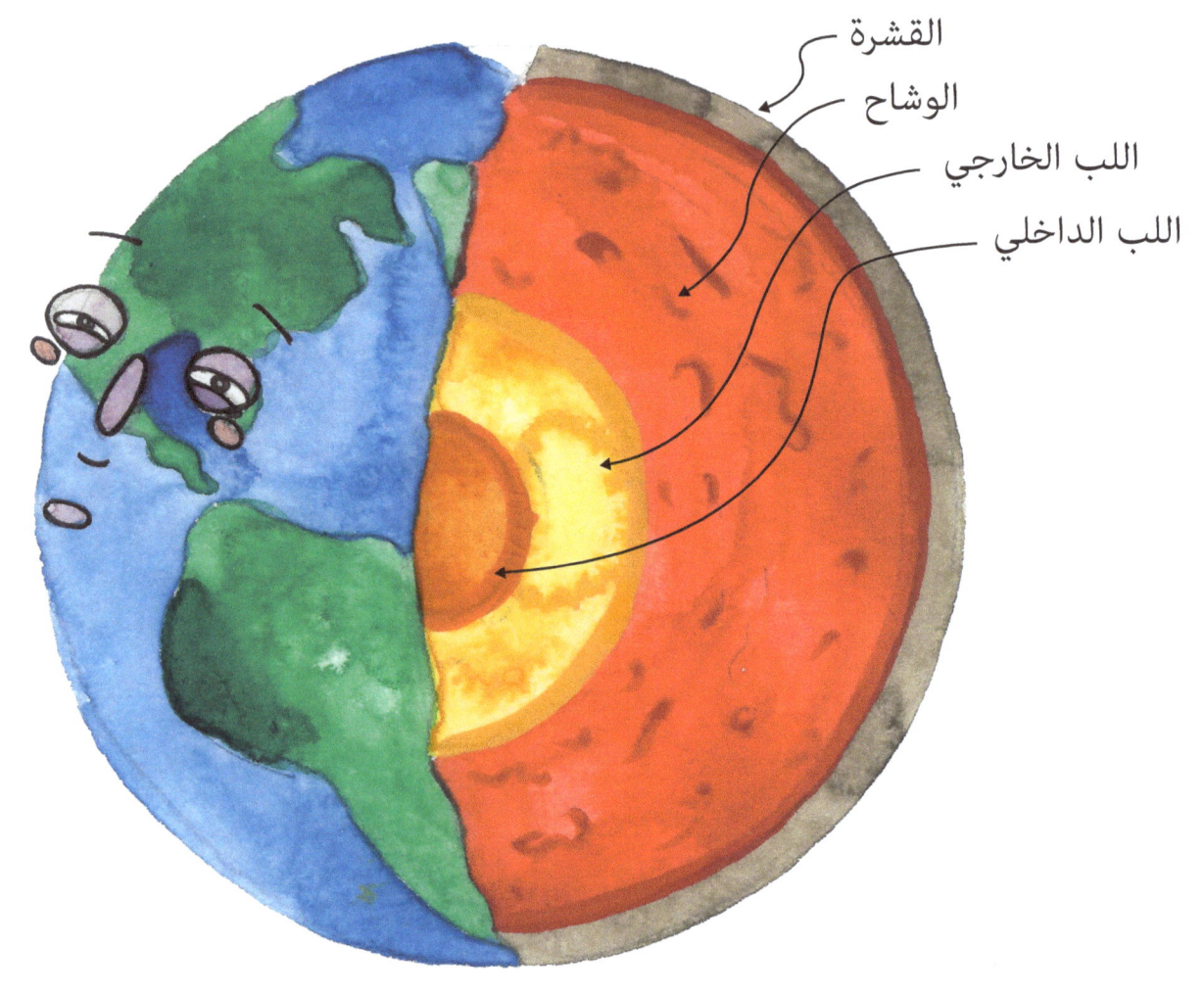

يضم غلاف الأرض الصخري جميع الصخور في القشرة، في الوشاح وفي اللب

الغلاف الجوي

الغلاف الجوي هو طبقة سميكة من الغازات تحيط بكوكب الأرض

الغلاف المائي يشمل جميع المياه في البحار، في اليابسة، وفي الهواء

المحيط الحيوي يشمل جميع الكائنات الحية

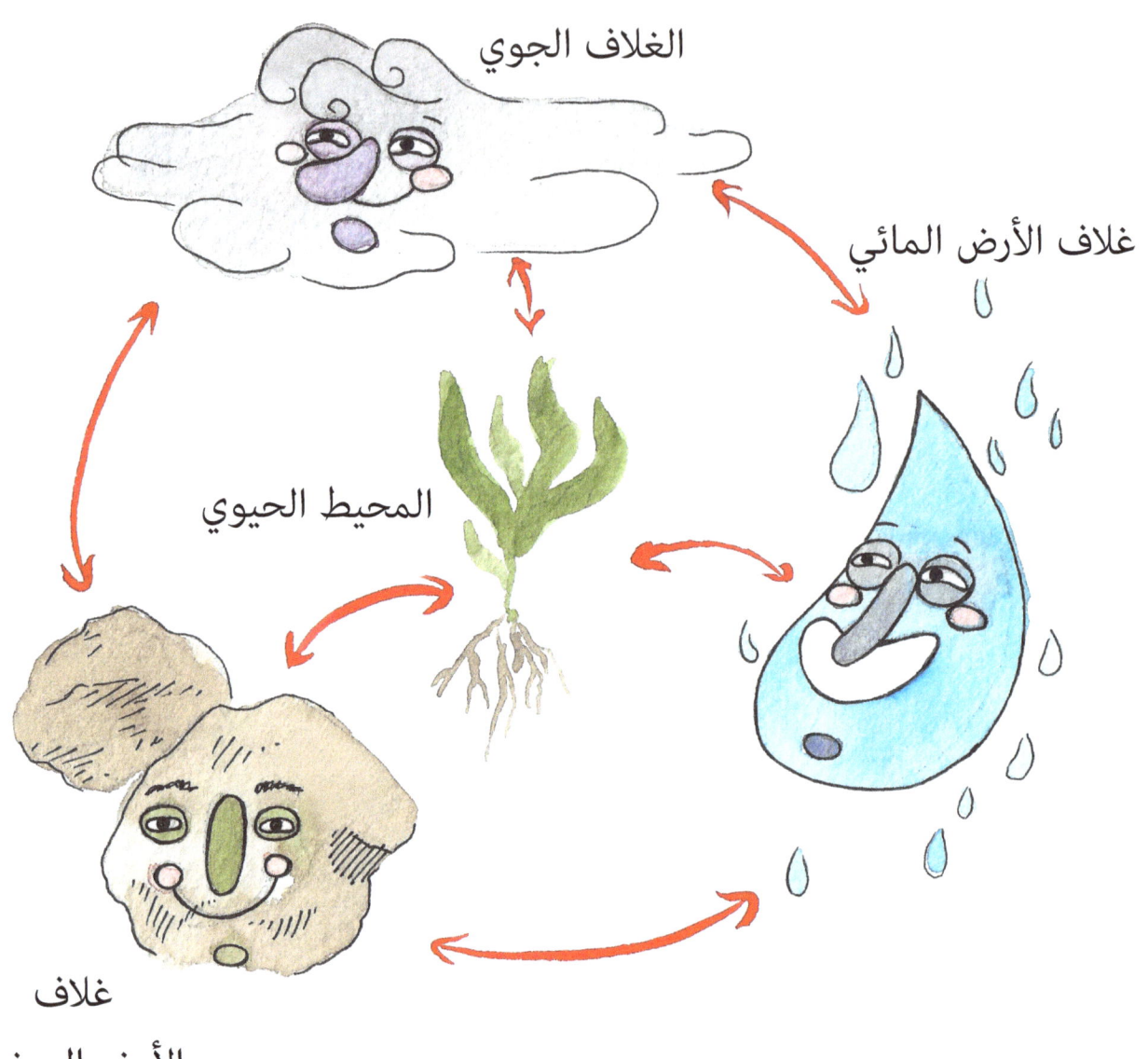

كل الأنظمة تؤثر على بعضها البعض

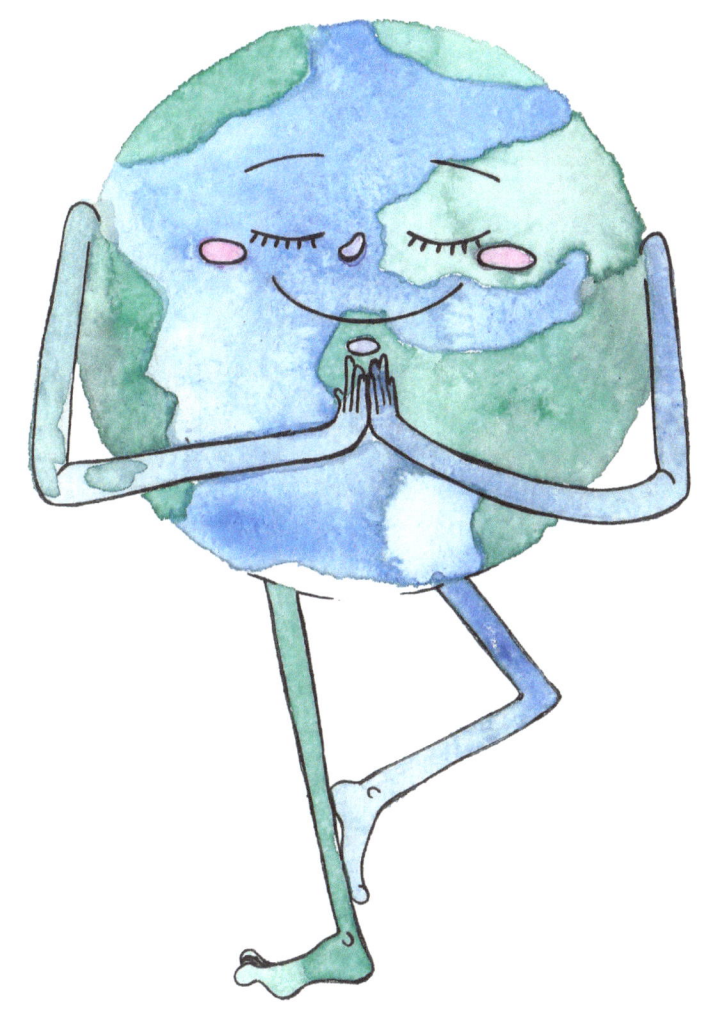

وتحافظ على توازن دقيق

عندما يفقد أحد الأنظمة توازنه

تفقد النظم الأخرى توازنها

الطاقة الشمسية تتحرك في الفضاء

وتسخن سطح الأرض

يحتوي الغلاف الجوي على الغازات الدفيئة

تطلق هذه الغازات من البراكين ومن تفكك بقايا النباتات

تمنع هذه الغازات جزءًا من الحرارة من مغادرة كوكب الأرض

لذلك الأرض لا تتجمد

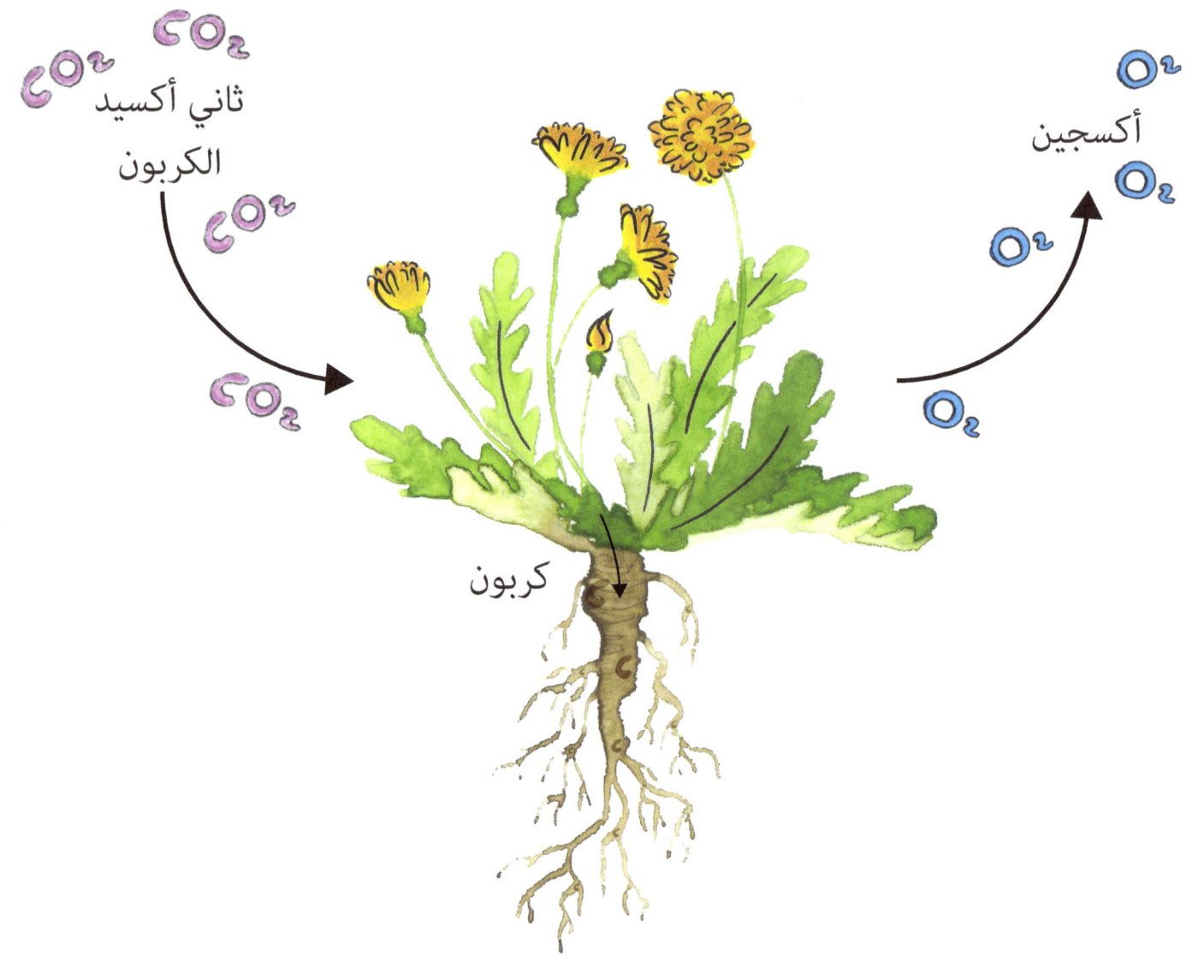

تمتص النباتات الغازات الدفيئة وتطلق الأكسجين

وتبقى بقاياها عالقة في طبقات الصخور

بهذه الطريقة تحافظ النباتات على التوازن بين الأنظمة

هم يفعلون ذلك منذ ملايين السنين

المحيط الحيوي جعل
كوكب الأرض صالحًا للحياة

وبتالي يمكن للحياة ان تزدهر فيه

لكن الإنسان وجد استخدامًا لبقايا هذه النباتات

يتم استخدامها لتشغيل
السيارات، الطائرات والسفن

لقد أخلّ البشر بالتوازن الدقيق بسبب حرق الفحم, النفط والغاز

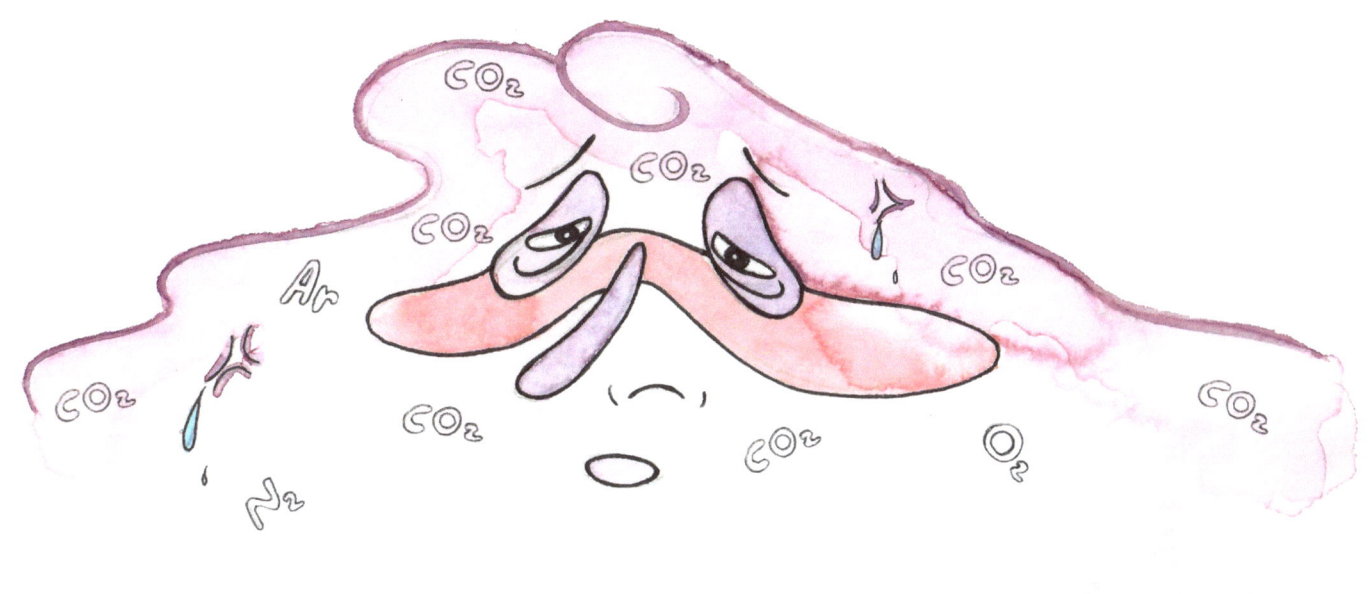

مما أدى إلى إطلاق كميات كبيرة من غازات الدفيئة بسرعة كبيرة

مما يؤدي إلى صعوبة خروج الحرارة من كوكب الأرض

وترتفع حرارة الارض

وترتفع

وترتفع

لقد تم خرق التوازن الدقيق

وسيستغرق تعافيه آلاف أو ملايين السنين

لا يُشكل ذلك ضررًا كبيرًا لكوكب الأرض

ولكنه يُلحق ضررًا كبيرًا بالبشر والحيوانات

تذوب الأنهار الجليدية

يرتفع منسوب سطح البحر

تقل كمية الأمطار

والبحيرات تجف

لوقف الخطر علينا أن نتحرك الآن

نقلل استهلاك الوقود

ونعيد تأهيل الطبيعة

ولندع الأرض تعود إلى التوازن

معجم المصطلحات

تأثير الاحتباس الحراري (Greenhouse effect) - هو ظاهرة تحدث عندما تقوم بعض الغازات في غلاف الأرض الجوي باحتجاز جزء من الإشعاع الحراري المنبعث من سطح الأرض ومنعه من الهروب إلى الفضاء. يؤدي ذلك إلى إعادة تسخين الغلاف الجوي ورفع درجة حرارة سطح الكوكب. حيث ان بدون تأثير الاحتباس الحراري ستكون متوسط درجة الحرارة على سطح الأرض حوالي 18 درجة مئوية تحت الصفر, في حين أن متوسط درجة الحرارة الفعلية على سطح الأرض هي حوالي 14 درجة مئوية.

تثبيت الكربون (Carbon fixation) - هي عملية يتم فيها إخراج الكربون من الغلاف الجوي وتخزينه في مخازن منفصلة. تمتص النباتات والحيوانات المختلفة الكربون من بيئتها وتحوله إلى مواد تستخدمها. مع موتها، يمكن دفن الكربون في بيئة فقيرة بالأكسجين، وبالتالي يتم تخزينه لفترة طويلة. بهذه الطريقة، الغابات والحيوانات التي عاشت في الماضي ودفنت بين طبقات الصخور ساهمت في اخراج الكربون من الغلاف الجوي. تتأثر كمية الكربون في الغلاف الجوي بمعدلات امتصاص ودفن الكربون أو إعادة إطلاقه. زيادة معدل حرق الوقود الأحفوري منذ الثورة الصناعية أدت إلى زيادة كبيرة في كمية ثاني أكسيد الكربون في الغلاف الجوي، مما زاد من تأثير الاحتباس الحراري. تُبذل جهود كبيرة حاليًا في البحث عن طرق لتثبيت الكربون بوسائل هندسية مختلفة لحد من تأثير الاحتباس الحراري.

تغير المناخ (Climate change) - هو تغيير كبير وطويل الأمد يحدث في مناخ الأرض نتيجة لدورات طبيعية أو لأنشطة بشرية. في السنوات الأخيرة، تتضح بشكل متزايد تبعات الكميات الكبيرة من غازات الدفيئة التي أُطلقت إلى الغلاف الجوي نتيجة للأنشطة البشرية، وخاصة بسبب حرق الوقود الأحفوري الذي احتجز في طبقات الصخور لملايين السنين. نتيجة للتغيرات المناخية، تحدث عمليات طويلة الأمد تشمل تغيرات في درجات الحرارة وأنماط الأمطار، وذوبان الأنهار الجليدية وكذلك تغيرات في التدفق الجوي التي تؤثر مباشرة على النظام البيئي والإنسان.

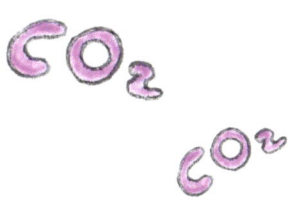
ثاني أكسيد الكربون (Carbon dioxide, CO2) – هو مركب كيميائي يتكون من ذرة كربون واحدة وذرتين من الأكسجين. يتم إطلاق ثاني أكسيد الكربون خلال عملية احتراق المركبات الغنية بالكربون الموجودة في الوقود الأحفوري. في الظروف الجوية على كوكب الأرض، يظهر ثاني أكسيد الكربون في حالة غازية، ولكن عند تبريده إلى درجات حرارة منخفضة وتحت ضغط عالٍ، يمكن ضغطه إلى سائل وحتى إلى حالة صلبة لاستخدامات مختلفة، بما في ذلك إطفاء الحرائق، وكذلك حفظ ومعالجة الطعام.

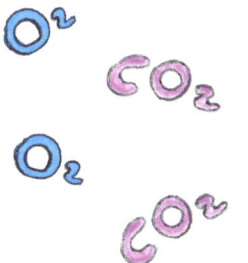
غاز (Gas) – هو إحدى حالات تجميع المواد (التي تشمل الحالة الصلبة والسائلة والغازية والبلازمية). يتكون مزيج من الغازات، مثل الهواء، من مجموعة متنوعة من الغازات. على عكس السوائل والمواد الصلبة، فإن الجسيمات في حالة الغاز تكون متباعدة عن بعضها البعض. لذلك، فإن معظم الغازات شفافة وتتفاعل بسرعة مع التغيرات في درجة الحرارة والضغط.

غاز دفيئة (Greenhouse gas) – هو مصطلح عام يشير إلى الغازات التي تمتص أو تعكس الإشعاع ذي الطاقة المنخفضة، وبالتالي تقلل من انبعاث الإشعاع من الكوكب إلى الفضاء. يؤدي ارتفاع تركيز غازات الدفيئة في الغلاف الجوي إلى زيادة في متوسط درجة حرارة سطح الأرض، مما يغير المناخ. تشمل غازات الدفيئة الشائعة على الأرض بخار الماء، وثاني أكسيد الكربون، والميثان.

غلاف الأرض الصخري (The Geosphere) – هوالنظام الذي يشمل جميع المواد الصخرية التي تشكل كوكب الأرض، بما في ذلك القشرة، الوشاح، والنواة. في الغلاف الصخري تحدث دورة الصخور التي تتأثر جزئيًا بالتفاعلات بينها وبين غلاف الأرض المائي، المحيط الحيوي، والغلاف الجوي، مما يؤدي إلى التآكل، النقل، وتراكم الصخور في جميع أنحاء الأرض.

غلاف الأرض المائي (The Hydrosphere) – هو مصطلح يستخدم لوصف جميع المياه على سطح الأرض التي تشارك في عمليات الدورة الهيدرولوجية، بما في ذلك بخار الماء، هطول الامطار، المياه السطحية (البحيرات، الأنهار وأجسام المياه الأخرى) والمياه الجوفية. حوالي 97% من كتلة المياه على الأرض موجودة في المحيطات، بينما الباقي موزع بين البحيرات، الأنهار الجليدية، الكائنات الحية، المياه الجوفية وأماكن أخرى.

الغلاف الجوي (The Atmosphere) – طبقة من الغازات التي تحيط كوكب الأرض. يتكون الغلاف الجوي للأرض في الغالب من النيتروجين (78%)، أكسجين (21%), الأرجون (0.9%), ثاني أكسيد الكربون (0.04%), بخار الماء (0-2%) وغازات اخرى.

الغلاف الحيوي (The Biosphere) – هو مصطلح يشير إلى النظام البيئي العالمي الذي يشمل جميع الكائنات الحية وعلاقاتها المتبادلة. يتفاعل المُحيط الحيوي مع غلاف الأرض الصخري, غلاف الأرض المائي والغلاف الجوي، مما يؤدي إلى توازن العمليات التي تؤثر فيها هذه الأنظمة على بعضها البعض.

الوقود الاحفوري (Fossil fules) – مواد تحتوي على مركبات غنية بالطاقة تتكون نتيجة تراكم بقايا الكائنات الحية في ظروف خالية من الأكسجين. يحتوي الوقود الأحفوري على كمية كبيرة من الكربون الذي يتحرر في الغلاف الجوي بعد تعرضه للأكسجين في عملية الاحتراق. الغاز الطبيعي والنفط والفحم هي أنواع شائعة من الوقود التي يستخدمها البشر لتوليد الطاقة لأغراض مختلفة مثل تشغيل وسائل النقل وتوليد الكهرباء.

المناخ (Climate) – المناخ هو نمط الطقس المتوسط في منطقة معينة على مدار عقود زمنية. يمكن وصف مناخ منطقة معينة باستخدام الخصائص المتعلقة بالأرصاد الجوية، مثل درجة الحرارة والرياح وهطول الأمطار.